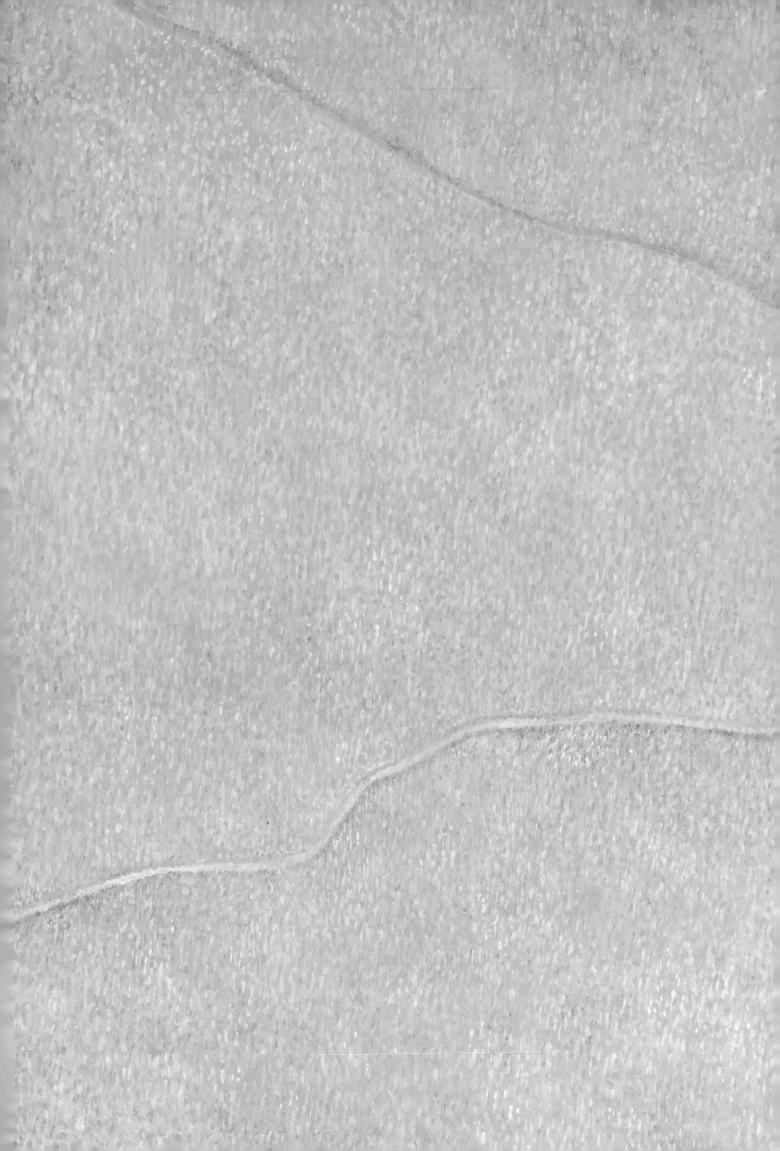

하루살이 가 만난
내일

하루살이 가 만난
내일

나현정

내일 을 함께 찾아 준 기두에게

글로연

이제 막 허물을 벗고 물 밖으로 나온
하루살이 가 말했습니다.

여기가 바깥세상이구나.
온갖 색들이 반짝거려!

이런 풍경을 하루만 볼 수 있다니,
아쉬워.

저편에서 물끄러미 바라보던 새 가
한마디를 툭 던졌습니다.

어쩔 수 없지,
너에게는 내일 이 오지 않을 테니까.

내일 ? 내일 이 뭔데?
나도 내일 을 만나고 싶어.

하루살이 는 내일 이
어디에 있는지 알고 싶어졌습니다.

내일 은 아주 높은 곳에 있지.

어린 새싹 들이 입을 모아 외쳤습니다.

그 꼭대기에 있지.

한 뼘 한 뼘 자라서 나무가 되면

아니. 내일 은 저 아 래 깊 은 곳에 있어.

우리가 품고 있는 씨앗을
꽃봉오리로 피워낼 거야.

꽃잎을 떨
구
며 꽃 들이 말했습니다.

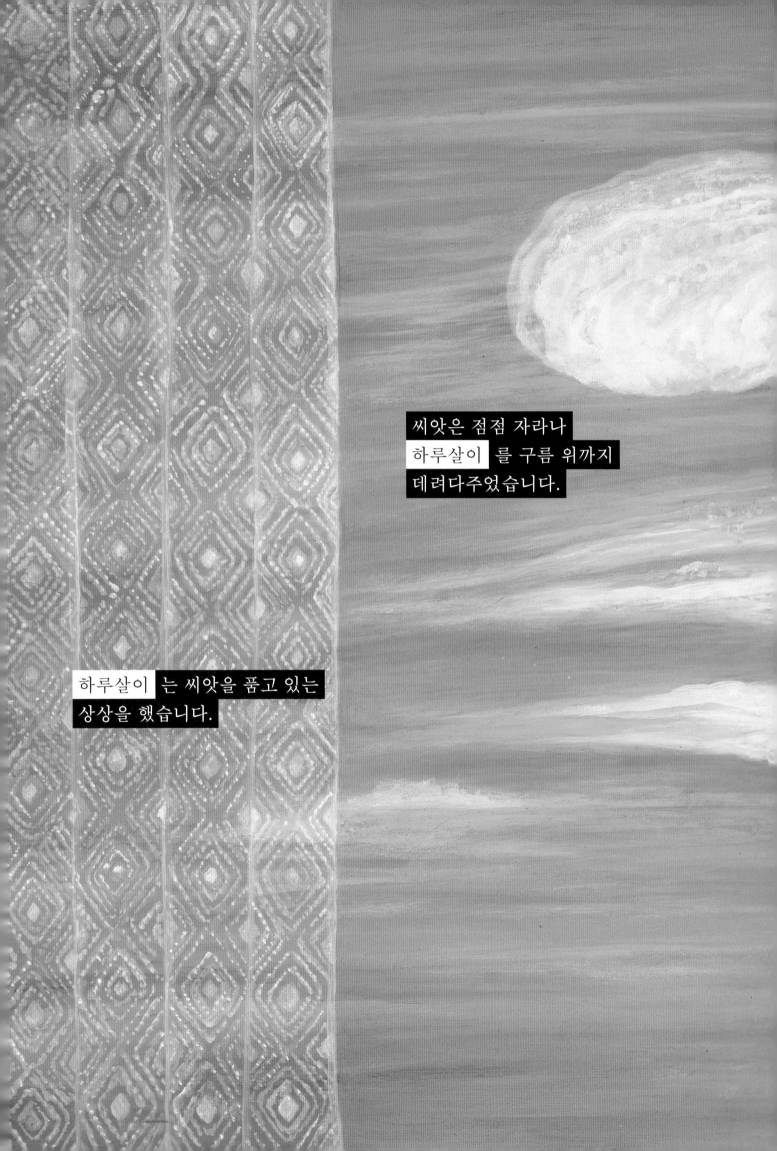

씨앗은 점점 자라나
하루살이 를 구름 위까지
데려다주었습니다.

하루살이 는 씨앗을 품고 있는
상상을 했습니다.

내일 은 멋진 거구나.
어서 내일 을 만나면 참 좋겠어.

정말 그럴까?
내일 도 이렇게 멋진 하늘을 바라볼 수 있을까?
내일 이 어둠 속에 있는 거라면 …….

노인 이 중얼거렸습니다.

이곳에 온 후로는
내일 을 생각할 수가 없어.
늘 같은 곳을 맴돌 뿐이야.

금붕어 가 어항 속에서
힘없이 말을 이었습니다.

하루살이 는 깜짝 놀라
움츠러들었습니다.

내일 은 어두컴컴한 곳에 있는 걸까?
아니, 다른 것이 더 있을 거야.

먼 곳으로 가 봐야겠어.

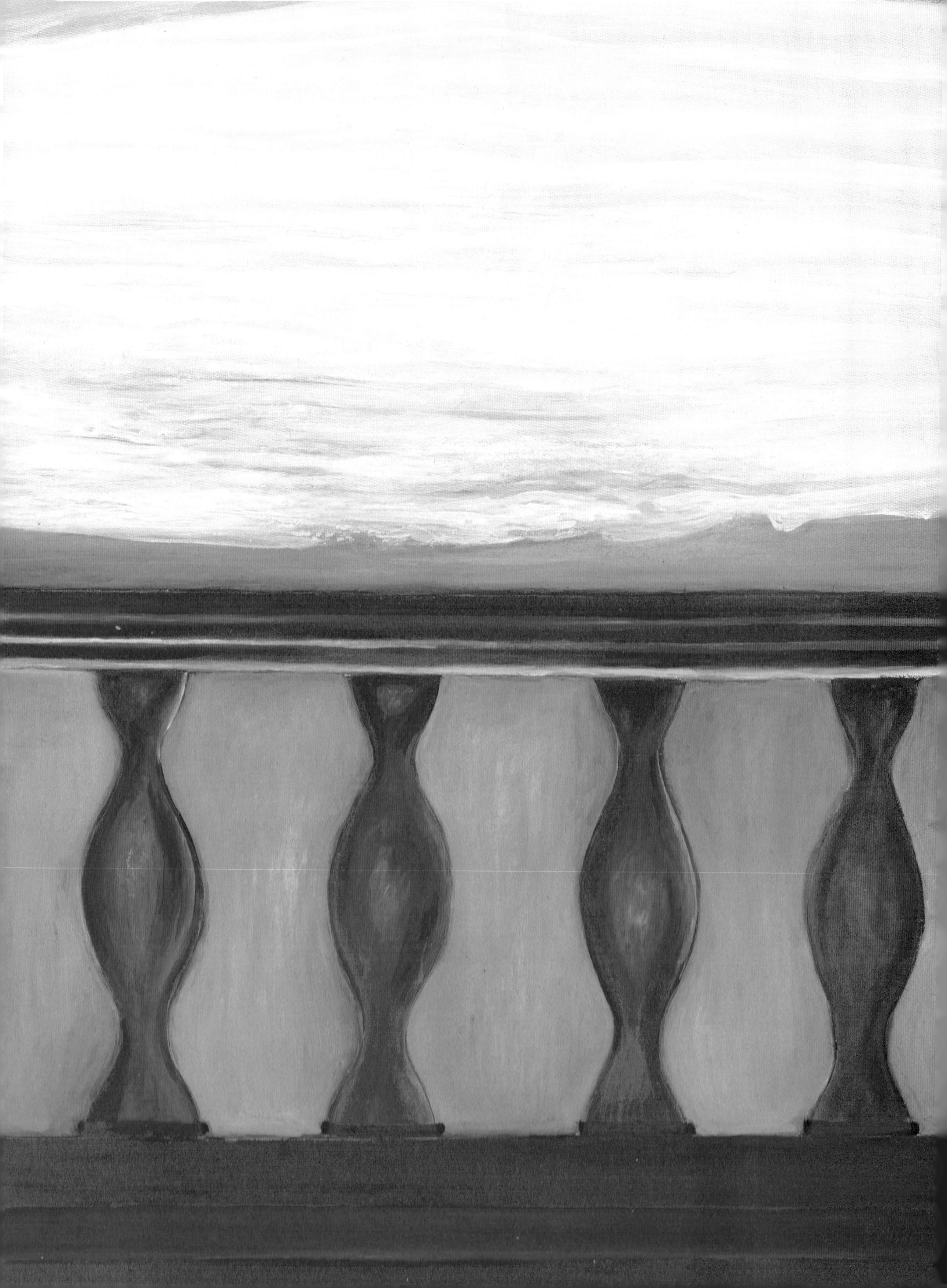

먼 곳을 날아 하루살이 는
끝없이 펼쳐진
푸른 물결 에 닿았습니다.

내일 이 어디에 있는지 알아?

하루살이 의 물음에 물결 이
대답했습니다.

실   는
내일 은 넘   대   파도에 있어.
늘 새로운 빛으로 일렁이지.

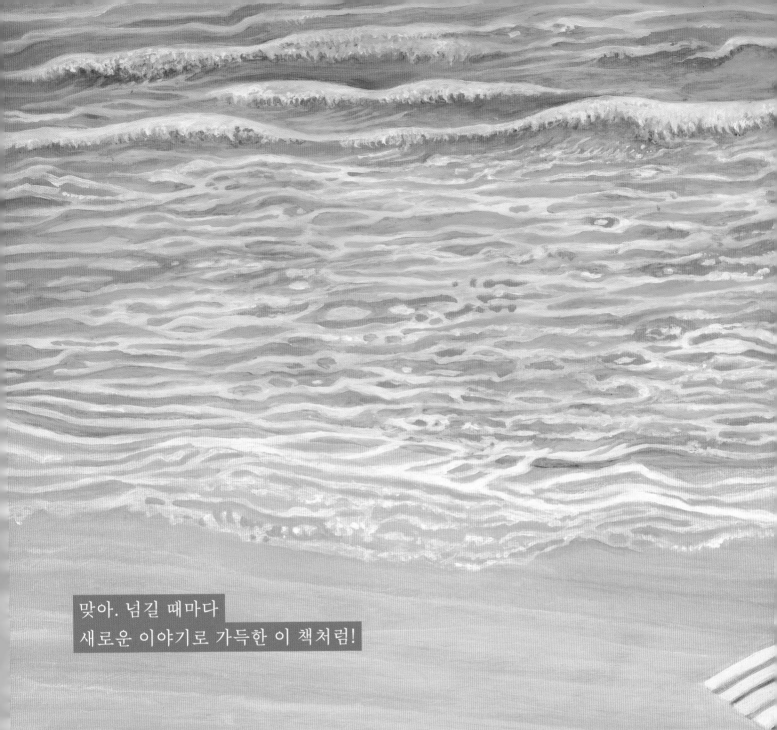

맞아. 넘길 때마다
새로운 이야기로 가득한 이 책처럼!

소녀 가 작지만
또박또박한 목소리로 말했습니다.

하루살이 는 소녀 가
얼른 책을 넘기기를 바랐습니다.

책 속에서는 애벌레 한 마리가
어디론가 기어가고 있었습니다.

어디로 가는 거야?

글쎄, 그건 다음 장을
넘기기 전까진 모르지.

하루살이 가 묻자
소녀 가 대답했습니다.

소녀 의 말을 곰곰이 생각하며 날던 하루살이 앞에
애벌레 가 나타났습니다.

안녕, 너는 내일 이 있는 곳을 아니?

내가 아는 건 몇 번의 내일 을 만나면
날개를 갖게 된다는 거야.
내가 너라면 지금 당장 높이 날아가서
더 많은 걸 볼 텐데.

내일 이 어디에 있는지 알아?

높이 날아간 곳엔
새하얀 눈 이 가득했습니다.
하루살이 가 눈 에게 물었습니다.

정말?

하루살이 는 발자국을 따라 날았습니다.

응, 이 발자국을 좀 봐.
들판에서든 눈밭에서든
저벅저벅 걷고 또 걷지.
계속 이어지는 발걸음 끝에
내일 이 있을 거야.

네 발자국이었구나.
난 내일 을 만나고 싶어서
발자국을 따라왔어.

이 순간?

그래, 바로 지금!

늑대 가 심드렁하게 대답했습니다.

나에게 내일 은 별로 중요하지 않아.
이 순간이 중요해.

하루살이 는 찬바람에
몸이 부르르 떨렸습니다.

땅거미가 지고 있었지만
여전히 내일 이 어디에 있는지
알 수 없었습니다.

그때 작은 집에서
깜빡이는 불빛이 보였습니다.

집 안으로 들어간 하루살이 앞에
섬세하게 수놓인 별들이 펼쳐졌습니다.

이렇게 아름다운 곳이면
내일 을 만날 수 있을 거야!

여자 가 부드러운 목소리로 말했습니다.

글쎄…, 내일 은
아름다운 곳에만 있지는 않아.
아프고 힘겨운 곳에도 있단다.
하지만 괜찮아. 별처럼 반짝이는
내 아이를 만날 테니까.
오랜 기다림 끝에 선물을 받는 거야.

기다림?

방 한구석에 가만히 있던
고양이 가 코웃음을 치며
대꾸했습니다.

기다린다는 건 지루하지만
설레는 일이지.
하지만 이제 더는 못 기다리겠어!

고양이 의 눈이 커지더니
하루살이 를 의미심장하게
바라보았습니다.

놀란 하루살이 는 몸을 바르르 떨며
재빨리 밖으로 나왔습니다.

지친 하루살이 가 눈밭을
정처 없이 날고 있을 때
눈 위에 핀 하얀 꽃 이
말을 건넸습니다.

안녕, 너는 누구니?
어떻게 이렇게 높고 추운 곳까지 왔어?

난 하루살이야.
내일 을 찾고 있었어.

하루살이 가 오늘 있었던 일을 들려주자,
꽃 이 감탄하며 말했습니다.

너에게는 내일 이 오지 않는다고
하는데도, 하루 종일 그걸
찾으러 다닌 거야?
넌 참 대단해!

그때, 눈송이가
하루살이 의 날개를 스쳤습니다.
하루살이 는 하늘 가득 나풀거리는
눈송이를 바라보며 말했습니다.

저 눈송이들 좀 봐,
저마다 다른 춤을 추고 있어.
모두의 내일 이 다른 곳에 있는 것처럼!

하루살이 는 지금 수많은 내일 들 사이에
서 있는 것 같았습니다.

나는 여기 이 자리에
나의 내일 을 그릴 거야.

하루살이 는 너울너울
자기만의 춤을 추기 시작했습니다.

눈이 그치자, 하루살이 는
나른한 몸을 꽃에게 기대었습니다.

하루살이 야.
너의 춤은 정말 아름다웠어.

고마워, 네 곁에서 좀 쉬어도 될까?

그럼. 그런데 더 이상
내일 을 찾지 않아도 돼?

응, 춤을 추면서 나의 내일 을 만났어.

말을 마친 하루살이 는 미소를 지으며
가만히 눈을 감았습니다.

글로연 그림책 32

하루살이 가 만난 내일

제 1판 1쇄 발행 2023년 1월 17일
제 1판 2쇄 발행 2023년 7월 7일
글 그림 나현정
책임편집 오승현
디자인 워크룸
펴낸이 이희원
펴낸곳 글로연
출판등록 2004년 8월 23일 제 313-2004-196호
서울시 마포구 양화로 133, 1307호
전화 070-8690-8558
전자우편 gloyeon@naver.com
홈페이지 www.gloyeon.com
ISBN 978-89-92704-71-7
사용연령 0세 이상

책의 모서리에 다칠 수 있으니 주의하세요.

나현정

나는 하루살이 와 비슷합니다.
내일 을 전혀 모른 채 주어진 하루에
그저 그림을 그리고 이야기를 써 나갑니다.
이런 일상이 나의 내일 과 다른 사람들의 내일 은 무엇인지
질문하는 여행처럼 느껴져서 좋습니다.
첫 그림책『너의 정원』은 화이트레이븐스에,
두 번째 그림책『봄의 초대』는 문학나눔에 선정되었습니다.

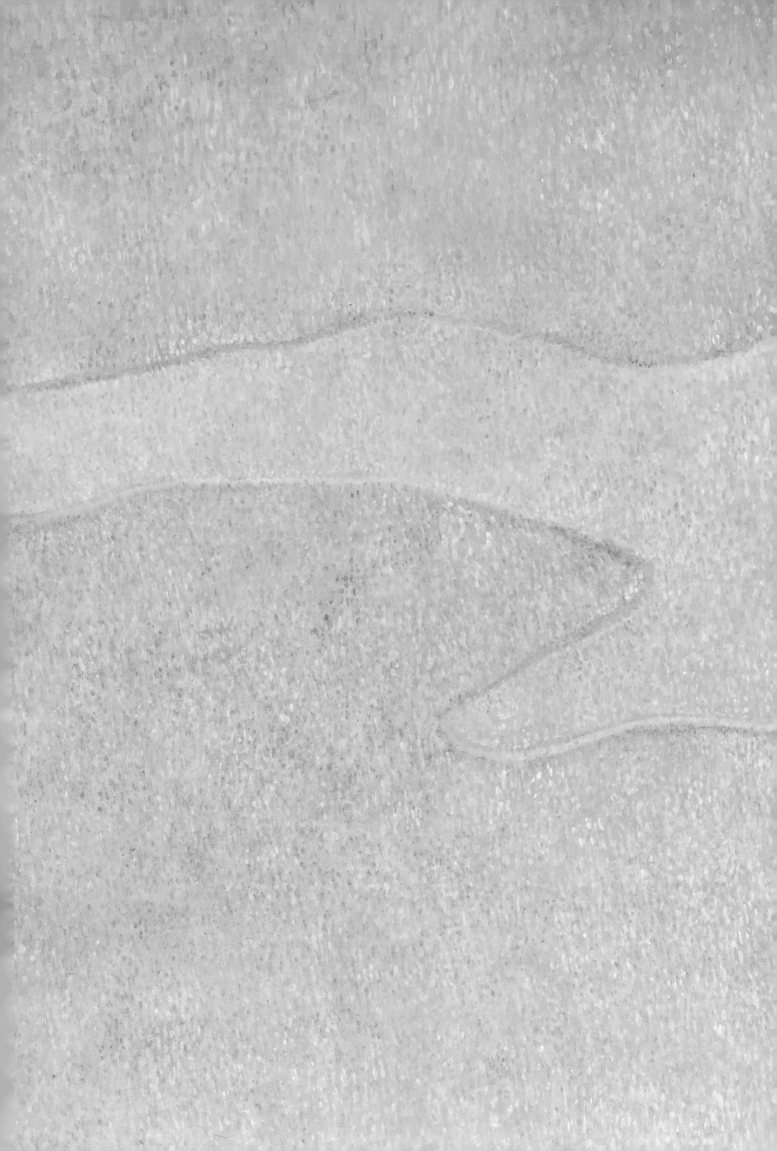